Gott, ich wünsch dir frohe Ostern

Lene Mayer-Skumanz

Gott, ich wünsch dir
frohe Ostern

Geschichten zum Osterfest

Mit Bildern von
Elisabeth Holzhausen

gabriel

Inhalt

Laura und Daniel	7
Dominik hat ein Problem	10
Die Ostermappe	15
Die Umfrage	23
Osterkarten	32
Achmed und der Hofgarten	35
Warum Frau Mühlheim Bräuche braucht	44
Zwiebel-Eier-Oster-Kunst	48
Die Sache mit dem Ostervogel	53
Kramuri für das Osterfeuer	64
Ein kleiner Bär im Osterkorb	74
Gott, ich wünsch dir frohe Ostern	84

Laura und Daniel

Komm, Daniel!«, sagt Laura. »Roll her zu mir! Dann kriegst du einen dicken Kuss!«

Daniel ist Lauras Babybruder. Er hat gerade seinen zweiten Zahn bekommen. Nun ist er wieder fröhlich. Und wie laut er lacht! Das Lachen gluckst aus seinem Mund.

Daniel liegt auf dem Teppich, genau wie Laura. Er kann noch nicht krabbeln oder robben oder allein sitzen. Er ist erst sechs Monate alt. Aber eines kann er gut: sich umdrehen, vom Rücken auf den Bauch, vom Bauch auf den Rücken, und so weiterrollen.

Daniel rollt auf Laura zu. Als sie ihm prustend einen Kuss auf den Hals schnaubt, wirft er seine kleinen dicken Beine hoch.

»Wenn morgen die Sonne scheint, üben wir draußen im Gras«, sagt Laura. »Und bis Ostern rollst du durch den ganzen Garten und findest dein Osternest selbst!«

In Daniels Nest werden noch keine Schokoladenhasen sitzen. Ein weicher Stoffhase wird drin sein, eine Karotte, vielleicht auch ein Apfel. Daniel bekommt schon winzige Portionen geschabte Karotte, geschabten Apfel, nur einen kleinen Löffel voll, mehr nicht, zum Sich-dran-gewöhnen. Hauptsächlich trinkt er an Mamas Brust. Er ist ziemlich rund und hat überall komische kleine Speckfalten.

»Aber die Ostereier, die ich finde, darfst du alle anfassen und halten!«, verspricht Laura. »Und weißt du, was wir mit den Eiern tun? Mama, Papa, Oma, du und ich? Tutsch-tutsch-tutsch machen wir!« Sie stupst ihre Nase auf Daniels Bauch.

Daniel lacht.

»Der Osterhase malt die Eier an und versteckt sie, weißt du?« Mit der Hand wischt Laura unsichtbare Pinselstriche über Daniel. Er lacht noch mehr.

»Du, Mama!«, ruft Laura ins Arbeitszimmer hinüber, wo die Mutter vor dem Computer sitzt. »Das Märchen vom Osterhasen gefällt ihm!«

»Ihm gefällt, dass ihr so viel Spaß miteinander habt!«, ruft die Mutter zurück.

Laura schmunzelt. »Wenn du größer bist«, flüstert

sie in Daniels Ohr, »wirst du mit mir am Ostermorgen in aller Früh am Fenster lauern und gucken, wo die Oma die Eier versteckt. Sie wird jedes Jahr raffinierter. Sogar in mein Baumhaus ist sie schon geklettert. Jetzt bist du baff, was?«

Daniel ist überhaupt nicht baff.

Er lacht, weil Lauras Atem ihm in den Ohren kitzelt.

Dominik
hat ein Problem

Am vorletzten Schultag vor Ostern kommt Dominik zu Laura in den Garten. »He, wo steckst du?«, schreit er.

»Mit Amina im Baumhaus!«, ruft Laura.

Dominik geht mit Laura in eine Klasse. Amina geht in die Parallelklasse. Sie wohnt in derselben Straße wie Laura, in einem Haus mit vielen Mietwohnungen, ohne Garten.

Dominik greift nach der Strickleiter. Dann zögert er. »Darf ich rauf zu euch oder habt ihr grad so Weibergeheimnisse?«

»Nicht einmal Mädchen- oder Kinder-Geheimnisse«, sagt Amina. »Wir unterhalten uns über Jesus. Mein Papa ist Muslim, und er sagt, Jesus ist ein großer Prophet und er war gut zu den Menschen. Meine Mama ist Christin. Sie glaubt, Jesus ist Gottes Sohn.

Und zu Ostern, sagt sie, hat Gott seinen Sohn aus
dem Tod geweckt. Ich bin Muslima, und Ostern feie-
re ich nicht, aber ich würde gern mit euch ein paar
bunte Eier ...«

»So komm schon rauf, Dominik!«, ruft Laura.

Dominik klettert die Strickleiter hinauf und
schwingt sich ins Baumhaus. Er hat einen Sack
unter den Arm geklemmt. »Ich zeig euch was. Es hat
nicht direkt mit Ostern zu tun. Oder eigentlich doch.
Ich meine, es hat mit Ostern zu tun, aber nicht mit
Feiern. Jedenfalls hab ich ein Problem.« Er packt
eine kleine Sofortbildkamera aus und einen Kassettenrekorder. »Der Papa hat uns besucht. Er hat meinen Schwestern und mir seine Ostergeschenke gebracht. Ja, heute schon, zehn Tage zu früh, denn zu
Ostern kann er nicht. Den Zwillingen hat er Puzzles
und Puppenkleider gegeben und mir das da. Und die
Mama hat zu ihm gesagt: ›So teures Zeug, du hast
wohl ein schlechtes Gewissen. Du kaufst dich mit Ge-
schenken frei.‹ Dann war Krach, wieder einmal, die
Mama hat geweint, die Zwillinge haben geplärrt,
und der Papa ist mit mir in den Hof gegangen. Dort
hat er mir den Rekorder erklärt. ›Damit kannst du
Reporter spielen‹, hat er gesagt. Und ich – « Dominik
schluckt.

11

Laura und Amina warten still.

»Ich also tu so, als würde ich wahnsinnig gern Reporter spielen, halte ihm das Mikro unter die Nase und frage: ›Herr Neumeister, haben Sie als Kind Ostereier gesucht?‹ – ›Ja‹, sagt er ganz vergnügt, ›sie waren immer in der Sandkiste. Ich musste dort nach ihnen graben.‹ – Und ich weiter: ›Herr Neumeister, was bedeutet Ihnen Ostern heute?‹ Und mein Papa fängt geschwind an aufzuzählen: ›Sonne, Strand und Meer, durchatmen, ein neuer Mensch werden.‹ Da erschrickt er plötzlich und sagt zu mir: ›Erzähl das bitte nicht der Mama. Es ist ohnehin alles schon so kompliziert.‹ Ich habe genickt und er ist gegangen. Ich glaube, dass er zu Ostern Urlaub macht, mit der Freundin aus der Stadt, wo er arbeitet.«

»Das ist wirklich ein Problem«, sagt Amina mitleidig.

»Kann sein, deine Eltern werden sich scheiden lassen«, seufzt Laura. »So wie mein Opa und meine Oma.«

»Sollen sie«, sagt Dominik. »Dann ist die Streiterei endlich vorbei. Mein Problem ist das: Der Papa will ein neuer Mensch werden und er freut sich drauf. Bei uns zu Hause kann er das nicht. Ist da die Mama dran schuld oder wir Kinder? Wer hat was falsch gemacht? Bis jetzt hab ich immer geglaubt, dass der Papa an allem schuld ist.«

»Kinder sind an so was nicht schuld!«, ruft Laura.

»Wenn ich mir da nur sicher wäre«, murmelt Dominik.

Nun ist es im Baumhaus so still, dass man Daniel im Haus drinnen lachen hört.

»Krieg heraus, ob auch deine Mama ein neuer Mensch werden will«, sagt Amina.

»Und wenn sie das werden will, was dann?«, fragt Dominik.

»Dann gebe ich Gott einen Tipp«, sagt Laura. »Damit er sich was Gutes für sie ausdenkt!«

Die Ostermappe

Die Lehrerin kommt mit einem Stapel roter Mappen und einem Sack voller kleiner Säckchen in die 2b. »Ich habe mir für euch eine kleine Überraschung ausgedacht, weil heute der letzte Schultag vor den Osterferien ist. Ich will euch keinen Schokohasen schenken, ihr nascht alle miteinander sowieso schon zu viel. Ich will jedem Kind eine Ostermappe schenken. Darin hab ich allerhand gesammelt, was für eure Ferien nützlich sein könnte: Tipps zum Eierverzieren und Basteln, Spiele für Regentage, Geschichten über Osterbräuche, passende Kochrezepte ...«

»Na so was!«, sagt Julia. »Da haben Sie sich aber Stress gemacht.«

»Im Gegenteil, es hat mir Spaß gemacht«, sagt die Lehrerin. »Meine Kollegin Gerda Brucker, die bei euch Religion unterrichtet, hat mir geholfen. Sie hat die Bibelgeschichten von Jesus in Jerusalem in Kurzform für euch nacherzählt: Wie er die Händler aus dem Tempelhof rausgeschmissen hat, wie die kleinen Jungen ihm singend nachgelaufen sind, wie er verhaftet und am Kreuz hingerichtet worden ist, wie Maria Magdalena ihm am Ostermorgen begegnet ist. All das habt ihr ja in der Religionsstunde gehört, das wisst ihr schon, Frau Brucker hat es euch nur zur Erinnerung aufgeschrieben. – Für Kinder, deren Familie keiner Religion angehören, und für unsere muslimischen Kinder sind die Spieltipps interessant, hoffe ich. Und warum es welche Bräuche in unserem Land gibt. Wer die Mappe lieber nicht nach Hause mitnehmen will, lässt sie eben liegen.«

»Ich nehme sie mit!«, ruft Vanessa, springt auf und hilft beim Austeilen. »Christliches gibt es bei uns zu Hause nicht, aber haufenweise Ostereier und Schokohasen. Mein Papa sagt, Hasen haben nichts mit Kirche zu tun. Steht was darüber in der Mappe?«

Achmed hat seine Mappe schon aufgeschlagen und liest vor: »»Die germanischen Völker verehrten eine Frühlingsgöttin. Sie glaubten, dass sie für neues Wachstum und neues Leben sorgte. Der Hase gehörte als besonderes Tier zu ihr, als Zeichen für Fruchtbarkeit. Denn eine Hasenmutter kann viermal im Jahr oder noch öfter Junge zur Welt bringen.‹«

»Über Eier steht auch was drin!«, sagt Karim begeistert. »Hört zu, Leute: ›Das Ei ist ein Sinnbild des Lebens. Obwohl es leblos aussieht wie ein glatter, harter Stein, hält es etwas Lebendiges in sich verborgen: Das Küken oder das Vogeljunge schlüpft aus der zerbrochenen Eierschale. Schon vor vielen hundert Jahren malte man Eier, die man verschenken wollte, mit der Farbe des Lebens an: Rot!‹ – Okay. Diese Mappe nehme ich mit. Die kann sich mein Papa auch einmal ansehen.«

»Und was ist in den Säckchen drin?«, fragt Dominik.

»Bastelmaterial für einen Ostervogel«, sagt die Lehrerin. »Ein alter Brauch, den ich über meine Freundin aus der Pfalz kennen gelernt habe. Man klebt auf ein ausgeblasenes Ei Kopf, Flügel und Schwanz aus buntem Papier. An einem Faden lässt man den Ostervogel von der Decke hängen, als Zeichen der Osterfreude. Nur Mut, sagt der Vogel, gebt die Hoffnung nicht auf! Das Leben bekommt Flügel und die Traurigkeit vergeht.« Sie legt jedem Kind ein Säckchen auf den Tisch. »Ich habe euch ein kleines Styropor-Ei, eine Wattekugel für den Kopf, bunte

Federn und ein Stück Perlonfaden hineingetan. Und dazu ein Gedicht über Ostervögel. Ich wünsche euch viel Spaß damit. Und eine Riesenportion Osterfreude. Denn wenn ich mir manche von euch anschaue, denk ich mir: Hoppla, da fehlt die Freude noch! – Laura, was ist denn mit dir los?«

»Ach nichts«, sagt Laura. »Seit heute früh ist bloß klar, dass wir nicht wegfahren können. Wir wollten ja nur vier Tage auf einem Bauernhof sein. Aber unsere Urgroßtante wird aus der Reha früher entlassen, nach einer Hüftoperation, und kann noch nicht allein in ihrer Wohnung bleiben. Also kommt sie für drei Wochen zu uns. Sie kriegt unser Kinderzimmer, ich schlafe bei der Oma im ersten Stock, der Daniel bei den Eltern. Die Mama ist schon ganz nervös … «

»Bei uns läuft es auch nicht wie geplant. Wir müssen früher aus unserem Urlaub zurück«, erzählt Vanessa. »Weil der Opa siebzigsten Geburtstag hat und die ganze Familie um sich versammelt sehen will. Ich bin Ostersamstag und Ostersonntag zu Hause und das wird urlangweilig sein! Da kommt mir die Mappe gerade recht.«

»Mir auch«, sagt Dominik. »Ich hoffe, es sind ein paar Ideen für Winzlinge drin. Meine Schwestern haben keinen Kindergarten, weil der sich nach den

Schulferien richtet. Wisst ihr, was das heißt? Zwei lästige, quengelnde Wanzen und im Hintergrund die Mama: Dominik, der Klügere gibt nach. Dominik, denk dir was aus für sie! Dominik, kannst du sie mir mal für eine halbe Stunde vom Leib halten?«

Julia seufzt. »Da merk ich erst, wie gut ich's hab. Ich bin zu Ostern bei meinen Großeltern auf dem Winzerhof. In der Osternacht werden wir ein riesiges Osterfeuer haben, mit Verwandten und Nachbarn und jedem, der mitwill.«

»Klingt gut. Vielleicht bringt mich der Papa zu euch«, sagt Vanessa. »Setz mich schon einmal auf die Einladungsliste, Julia. Osterfeuer hat doch nichts mit Kirche zu tun, oder?«

Dominik blättert in der Mappe. »Wie man's nimmt. Hör zu: ›Das Feuer ist ein Zeichen für die Sonne, ohne die es kein Leben gibt. Mit Osterfeuern hat man im Frühling die Sonne begrüßt. Das Feuer als Zeichen für Licht und Leben und Auferstehung kommt auch bei der christlichen Osterfeier vor, es wird vor der Kirche angezündet und geweiht, dann zündet man die Osterkerze daran an und trägt sie in den dunklen Kirchenraum …‹«

»Hm, hm, hm«, grübelt Vanessa. »Wie ist das Osterfeuer bei euch gemeint, Julia?«

»Als Freudenfeuer, weil Jesus auferstanden ist«, sagt Julia sehr bestimmt.

»Schön. Das muss ich meinem Papa ja nicht auf die Nase binden«, murmelt Vanessa. »Mit Jesus will er nämlich nichts zu tun haben. Das ist so, ich kann es nicht ändern.«

Julia sieht sie mitleidig an. »Ich wünsch dir, dass dich die Osterfreude trotzdem erwischt, irgendwie.«

Laura hebt die rote Mappe hoch. »Gibt's da drin ein Rezept für Osterfreude?«

»Nein«, sagt die Lehrerin überrascht. »Ich verrate dir aber das allgemeine Freudenrezept meiner Großmutter. Freudemachen macht Freude. Verstehst du? In dem Augenblick, in dem du einem anderen Menschen Freude machst, bist du selbst froh.«

Laura dreht sich zu Dominik um. »Könnten wir ja ausprobieren, oder?« Im Stillen denkt sie: Gott, ich hab einen Tipp für dich. Wenn ich in den Osterferien jemandem Freude mache, mach du eine echte Osterfreude draus.

Aus der Ostermappe

Viele Leute waren zum Fest nach Jerusalem gereist. Als sie hörten, dass Jesus kam, nahmen sie Palmzweige, zogen hinaus, ihm entgegen, und riefen: »Hosanna! Gepriesen sei, der kommt im Namen des Herrn! Der König Israels!« Jesus aber fand einen kleinen jungen Esel und setzte sich darauf. Er wollte nicht wie ein mächtiger Herrscher in die Stadt einreiten, sondern wie der sanfte Friedensbringer, von dem die alten Propheten geweissagt hatten.

Nach Johannes 12, 12–15

Die Umfrage

Vanessa kann mit Ostern nichts anfangen«, sagt Laura zu Dominik. »Ich meine, mit dem wirklichen Osterfest.«

»Viele Leute fangen mit dem Osterfest nichts an«, sagt Dominik. »Dabei tut unsere Relilehrerin so, als könnte man das verstehen lernen: Auferstehung, Auferweckung ... Lies nur nach in unserer Ostermappe.«

Sie sitzen in Lauras Baumhaus. Dominik hat wieder seinen Kassettenrekorder mitgebracht. Und seine Zwillingsschwestern, die drinnen im Haus mit Daniel spielen dürfen.

»Auferstehung?!« Laura nickt, schüttelt den Kopf, nickt wieder.

Dominik grinst. »Was meinst du jetzt? Ja-nein-ja?«

»In unserer Mappe«, sagt Laura, »hat die Frau

Brucker geschrieben, dass auch die Schüler von Jesus nicht gleich verstanden haben, wie das ist mit der Auferstehung. Sie haben den Frauen nicht geglaubt, dass Jesus lebt. Sie haben gedacht: Jetzt sind sie übergeschnappt. Und auf dem Weg nach Emmaus hat Jesus sich den Mund fusslig geredet, damit die beiden Jünger alles verstehen. Erst beim Essen haben sie ihn erkannt. Wie er das Brot gesegnet und mit ihnen geteilt hat. – Wenn seine eigenen Freunde so lang brauchen, bis sie kapieren, worum es geht, warum soll sich zum Beispiel meine Oma mit Auferstehung auskennen?«

»Ach so, die kennt sich auch nicht aus?«

»Meine Oma war nur ein Beispiel, Dominik! Ich habe keine Ahnung, was die Oma über Auferstehung weiß!«

Dominik klopft auf den Rekorder. »Interviewen wir sie! Interviewen wir viele Leute! Machen wir eine Umfrage! Und nach den Ferien spielen wir sie unserer Relilehrerin vor. Fangen wir gleich mit deiner Oma an?«

Die Oma ist von ihrer Vormittagsarbeit im Musikgeschäft zurückgekommen. Sie hat vom Chinesen am Eck drei Schachteln Eierreis und Gemüse mitgebracht und lädt alle zu einem schnellen Mittagessen ein: Lauras Mutter, Laura und Urgroßtante Sophie, Dominik, Sonja und Moni.

Laura schaut ihre Mutter fragend an. Ist sie sehr kaputt an diesem Vormittag? »Mama, wie geht's dir?«, flüstert Laura, während sie ihr beim Tischdecken hilft.

»Überraschend gut«, flüstert ihre Mutter zurück. »Tante Sophie hat den Zwillingen uralte Kinderreime und Kribbel-Krabbel-Fingerspiele beigebracht, die haben sie gleich beim Daniel ausprobiert. So waren sie alle beschäftigt.«

Tante Sophie sitzt im Rollstuhl. Sie bittet Dominik, sie zum Tisch zu rollen. »Junger Mann«, sagt sie zu ihm, »das machst du sehr geschickt.«

Dominik schaufelt Reis und Gemüse auf seinen Teller und isst, so schnell er kann. Er hofft, dass auch alle anderen im Nu aufessen. Endlich! Er räumt mit Laura den Tisch ab. Dann bittet er Lauras Oma um ein Interview.

Tante Sophie will zuhören.

Die Oma erlaubt es.

»Viel Spaß«, sagt Lauras Mutter und verschwindet mit Daniel im Schlafzimmer.

Dominik hält der Oma das Mikro hin und fragt: »Was ist Auferstehung?«

»Oho«, ruft die Oma. »Was Einfacheres ist dir nicht eingefallen? – Also, Auferstehung bedeutet für mich, dass man nach dem Tod ein neues Leben bei Gott beginnt und dass man dabei im Innersten derselbe Mensch bleibt, der man auf Erden war.«

»Halt!«, sagt Tante Sophie. »Jesus ist aber schon auf dieser Erde als Auferstandener herumgegangen. Man konnte ihn sehen, anfassen und umarmen. Er hat mit seinen Leuten gegessen und getrunken.«

»Jesus ist der Allererste, der auferstanden ist«, sagt die Oma. »Gott hat ihn aus dem Tod geweckt, und ich glaube, dass er auch uns alle aufwecken wird. Aber wie, das weiß ich nicht. Auferstehung ist etwas, das ein Mensch nicht begreifen kann.«

»Hm, hm, hm«, brummt Tante Sophie. Dann schnappt sie sich das Mikro. »Junger Mann, hör zu. Ich glaube, es gibt schon in diesem Leben Spuren von Auferstehung. Man muss nur genau hinschauen. Kleine Auferstehungen im alltäglichen Leben, die es uns leichter machen, an die große, ewige zu glauben. Zum Beispiel, wenn man sich nach einem Streit wieder verträgt. Eine gute Idee nach einem trostlosen Tag. Ein neuer Anfang nach einem verpfuschten Schuljahr – von verpfuschten Beziehungen und Ehen ganz zu schweigen«, setzt sie mit

einem Blick auf die Oma hinzu, die seit einigen Jahren geschieden ist.

Die Oma seufzt, nimmt Tante Sophie das Mikro aus der Hand und gibt es Dominik zurück. »Kinder, es wird so ein schöner Frühlingsnachmittag. Bestimmt findet ihr noch andere Leute zum Interviewen. Unsere Nachbarin zum Beispiel, die Frau Mühlheim. Die hab ich vorhin in ihrem Garten gesehen, mit dem Herrn Jenewein. Sie bedecken die Erdbeerbeete mit Stroh.«

»Sehr vernünftig von der alten Apothekerin«, brummt Tante Sophie. »So werden ihre Erdbeeren später nicht schimmeln. Streuen sie auch Hornmehl auf? Das würde mich interessieren … «

»Kommen Sie mit hinüber!«, sagt Dominik zu Tante Sophie. »Ich meine, rollen Sie mit! Wir schieben Sie einfach die Straße hinauf zum Nachbargarten.«

»Na, wenn ihr das schafft?«, fragt Tante Sophie erfreut. »Gut. Rollt mich zuerst zur Toilette, dann gebt mir meine warme Jacke und eine Decke für die Knie. Auf geht's!«

Die Kinder warten auf der Terrasse, bis Tante Sophie für die Ausfahrt fertig gemacht ist. Die Oma schiebt den Rollstuhl vorsichtig die Schräge hinun-

28

ter, die für Daniels Kinderwagen gebaut worden ist. So müssen die Räder nicht über Stufen holpern.

»Nanu, der erste Ausflug ins Blaue?«, fragt eine freundliche Stimme von der Straße her. Es ist Herr Bader von gegenüber, in dessen Tarockrunde die Oma jeden Mittwochabend mitspielen darf. Er zerrt seinen fetten Dackel hinter sich her.

»Nicht ins Blaue«, antwortet Tante Sophie mit strengem Gesicht. »Wir müssen eine Umfrage machen und Sie kommen wie gerufen. Los, junger Mann, pack deinen Rekorder aus!«

Die Oma sieht aus, als würde sie am liebsten im Erdboden versinken.

Dominik ist rot geworden. Aber er hält Herrn Bader tapfer das Mikro hin. »Was ist Auferstehung?«

»Na, was ist das?«, setzt Tante Sophie nach, als der Mann nicht sofort antwortet.

»Ein Trost für Leute, die mit dem Leben nicht zurechtkommen«, murmelt Herr Bader. »Ein Märchen, nur ausgedacht, aber ein hübsches Märchen –«

»Danke, das reicht!«, ruft Tante Sophie. »Wir rollen weiter. – Du musst nicht mit«, sagt sie zur Oma. »Die Straße ist eben. Das bringt der Dominik allein fertig. Aufbruch, Leute, hopp-hopp!«

Sie rollen los.

Ein wenig ratlos steht die Oma neben Herrn Bader vor dem Gartentor.

Dem fetten Dackel gefällt das. Er legt sich der Oma zu Füßen.

Frau Mühlheim blinzelt mit ihren schwachen Augen dem unerwarteten Besuch entgegen. Vier Kinder und eine uralte Frau im Rollstuhl? Dann erkennt sie Laura.

»Herein, herein!«, sagt sie, obwohl der Rollstuhl bereits über den Kiesweg knirscht.

»Wir machen eine Umfrage«, krächzt Tante Sophie. »Los, junger Mann!«

Dominik stottert erst ein bisschen, vor Aufregung und weil er die Frau Mühlheim und ihren Gartenhelfer, Herrn Jenewein, nicht so gut kennt. Aber dann stellt er seine Frage: »Was ist Auferstehung?«

Die alte Apothekerin schweigt verdutzt.

Herr Jenewein zeigt auf das kurze grüne Gras, aus dem es gelb und blau leuchtet. »Das da. Sämtliche Iris und Blausternchen und Narzissen, die nach dem Winterschnee wiederkommen. Na, zumindest sind sie ein Zeichen für Auferstehung. Das Leben fängt von neuem an ... «

»Hochinteressant«, murmelt Tante Sophie. »Sie

30

schauen also nach Spuren der Auferstehung. Und Sie, Frau Mühlheim?«

Dominik hält der Apothekerin das Mikro vor den Mund.

»Auferstehung«, sagt sie nachdenklich, »heißt für mich: vor nichts im Leben mehr Angst haben müssen. Nichts kann für immer kaputtgehen. Keine Anstrengung ist umsonst. Leid und Tod sind nicht endgültig, sondern nur eine Stufe, über die man zu etwas Neuem hinübergeht.«

»Das muss ich mir merken, es klingt so hoffnungsvoll«, sagt Tante Sophie. »Danke vielmals.«

Frau Mühlheim lächelt den Zwillingen zu. »Für euch ist so eine Umfrage nicht so spannend, was? Kommt mit auf die Veranda. Dort in der alten Truhe, da gibt es wunderbar altmodische Bilderbücher. Ich glaub, es ist ein Osterhasenbuch dabei. Ich leih es euch gern.«

Osterkarten

Die Idee stammt von Lauras Oma. Die Kinder sollen Osterkarten malen oder kleben.

»Wer verwendet schon gern gekaufte Karten?! Die kann jeder haben!«, erklärt sie. »Ich brauche besondere Karten. Und ich muss sehr viel Osterpost erledigen. Darum bestelle ich gleich einmal fünf Osterkarten bei Laura, fünf bei Dominik und je zwei bei den Zwillingen.«

»Bei uns auch?«, quietscht Moni.

»Na, ein buntes Osterei werdet ihr doch zeichnen können?!«, fragt die Oma.

Lauras Mutter hat den Küchentisch mit einem Wachstuch abgedeckt. Schere und Buntpapier, Malfarben und Buntstifte liegen bereit. Dominik schneidet Karten aus weißem Karton.

»Ruft mich, wenn ihr noch was braucht«, sagt

Lauras Mutter und trägt Daniel zum Stillen ins Schlafzimmer.

Laura zeichnet für die Zwillinge mit dünnen Bleistiftstrichen Ostereier vor.

»Je bunter, desto besser!«, ermuntert sie die Oma.

Dominik schneidet Hasen aus braunem Papier.

Laura malt gelbe Küken.

»Meine Lieben!«, sagt die Oma. »Bis jetzt ist alles wirklich hübsch. Aber ihr dürft eure Phantasie noch mehr anstrengen!«

Dominik schneidet aus weißem Karton zwei Hasenohren. Er holt die kleine Sofortbildkamera aus seiner Jackentasche. Er klopft an die Schlafzimmertür. Dann hört man es flüstern und kichern. Es ist Lauras Mutter, die kichert!

Nach einer Weile taucht Dominik wieder auf. Er hat drei Fotos in der Hand, die klebt er auf die Karten: Daniel im weißen Strampelanzug liegt auf einer grünen Decke. Er trägt ein weißes Häubchen mit Hasenohren und auf seinem kleinen runden Hinterteil prangt ein Hasenschwänzchen aus Watte.

»Toll!«, sagt Laura. »Einfach toll!«

Dominik grinst nur. Dann schneidet er für die Zwillinge Ostereier aus Buntpapier. Die Zwillinge verzieren sie mit Papierschnipseln.

»Wartet!«, flüstert Laura. »Mir ist auch was Gutes eingefallen!«

Die Osterkarte, die Laura gezeichnet hat, zeigt die Mutter Maria mit Jesus, ihrem Sohn. Maria erkennt man gleich, denn ihr Name steht auf ihrem blauen Mantel. Jesus ist von goldgelbem Licht umflossen.

Maria streckt die Arme aus. In der Sprechblase vor ihrem Mund steht: »Da bist du ja, mein liebes Kind!«

Auch vor Jesus schwebt eine Sprechblase – in goldgelbem Schein: »Mama! Ich bin auferstanden!«

Die Oma schaut die Karte lange an. Sie nickt nur.

»Weißt du«, sagt Laura, »ich hätte ja auch die Maria Magdalena zeichnen können. Wenn du eine haben willst, mal ich sie dir. Aber ich hab mir gedacht: Jesus ist nach seiner Auferstehung bestimmt auch zu seiner Mutter gegangen.«

»Bestimmt«, sagt Dominik. »Das ist die schönste Osterkarte!«

»Alle sind schön«, sagt die Oma. Sie kramt ihre Geldbörse aus der Einkaufstasche. »Ich habe die Karten bestellt, nun will ich sie auch bezahlen! Ein bisschen Taschengeld in den Ferien tut gut!«

Jedem Kind drückt sie zwei Münzen in die Hand. »So! Und nun lasst mich allein. Ich muss überlegen, wer welche Karte kriegt!«

Achmed
und der Hofgarten

He, Laura, komm her!« Achmed steht hinter dem Zaun und beobachtet, wie Laura ihren Babybruder über die Wiese rollen lässt.

»Komm du herein«, sagt Laura. »Ich kann da nicht weg. Wir üben rollen.«

Das Gartentor knarrt. Schritte knirschen über den Kies.

Achmed kauert sich neben Laura. »Also … Dieser Hinterhof, wo Dominik wohnt«, beginnt er langsam, »dieser schäbige Grasplatz vor den Fenstern, wo du Schneeglöckchen und Krokus für ihn gesetzt hast –«

»Das weißt du?«, fragt Laura überrascht.

»Das spricht sich herum. Ich war ein paar Mal mit Karim bei ihm. Er übt lesen mit uns, verstehst du. Und da hab ich mitgekriegt, dass der Hausbesitzer erlaubt hat den Hof ein bisschen zu verschönern.

35

Dominik kann Pflanzen setzen und sogar eine Bank aufstellen, nur darf es den Hausbesitzer nichts kosten. Hat der Hausbesitzer gesagt.«

Laura freut sich. »Super! Wenn der Hof schön wird, kann Dominik mit den Zwillingen öfter draußen spielen.«

»Man müsste die Erde lockern und neues Gras säen«, sagt Achmed. »Mein Onkel arbeitet in einer Gärtnerei. Mit dem hab ich geredet. Ich hätte da ein paar Ideen für diesen Hof. Ich will auch was für Dominik tun, verstehst du?«

»Na, dann tu was!«, ruft Laura vergnügt.

»Ich will das erst mit dir besprechen, weil du Dominiks Mutter wahrscheinlich besser kennst«, erklärt Achmed. »Kann man denen eine alte Bank hinbringen? Oder sind die dann beleidigt? Bei uns im Haus ist der Keller entrümpelt worden. Da war eine Bank dabei, mit dicken Brettern für Lehne und Sitz und mit verschnörkelten eisernen Beinen. Meine Mutter meint, es ist schade um die Bank, man müsste sie nur herrichten.«

Laura springt auf und nimmt Daniel auf den Arm. »Achmed, das ist eine prima Idee! Ich bringe nur schnell den Daniel zu meiner Mama hinein, dann flitzen wir los!«

36

Allerhand, was Laura und Achmed auf die Beine stellen: Zuerst muss ein Beratungskomitee her. Das besteht aus Achmeds Onkel, Frau Mühlheim und Herrn Jenewein. Diese drei wissen gut Bescheid, wie man einen Garten anlegt.

Wer wird die Bank transportieren? Amina kann ihre älteren Brüder dazu überreden. Dann gründet Laura einen Geldbeschaffungsverein, mit Urgroßtante Sophie an der Spitze. Dominik, Laura, Achmed und Amina bilden den Bodenverbesserungstrupp und werden von Herrn Jenewein mit Tipps und Grabgabeln zum Lockern der Erde ausgerüstet.

Und weil Gartenarbeit hungrig und durstig macht, übernehmen Lauras Oma und Achmeds Mutter den Kuchen- und Saft-Versorgungsbetrieb.

Dominiks Mutter trägt einen kleinen Tisch vor die Wohnungstür und stellt Pappbecher bereit. »Wenn ich nur mehr Zeit hätte! Wie gern würde ich auch in der Erde wühlen!« Sie muss arbeiten gehen. Sie arbeitet als Putzfrau und ist froh, dass sich eine Nachbarin manchmal um die Zwillinge kümmert. Aber nun, in den Osterferien, ist die Nachbarin zu ihren Enkelkindern gereist und versorgt die.

Laura gründet mit Amina noch schnell den Zwillingsbetreuungsklub. Natürlich wollen Moni und Sonja auch mitarbeiten. Laura denkt sich Arbeiten für sie aus, mit denen sie die Großen nicht stören.

Und auf einmal erscheinen im Hinterhof auch Karim, Sedat und Hassan aus der 2b. »Uns ist langweilig und ihr habt Spaß! Wir wollen auch was tun!« Sie dürfen beim Lockern der Erde helfen.

Aminas Brüder liefern die Bank ab. »Streichen müsst ihr sie aber selbst!«, sagen sie und verschwinden gleich wieder.

»Morgen komme ich mit Farbe!«, verspricht Karim.

Es geht laut und lustig zu.

Ein Fenster im ersten Stockwerk wird geöffnet. Vorhänge flattern. Hinter den Vorhängen kreischt eine Frauenstimme hervor: »Ruhe da unten! Verdammte Fratzen! Ausländergesindel! Fängt das in unserem Haus auch schon an! Verschwindet!«

»Wir dürfen den Hof verschönern!«, schreit Dominik zurück.

»Wir haben die Erlaubnis!«, ruft Laura.

»Das wird euch schon noch vergehen!«, keift die Frau. »Auf jeden Fall gehören die Ausländer raus! Die haben in diesem Hof nichts zu suchen!« Rums – das Fenster wird zugeschmettert.

38

»Die meint uns!«, sagt Achmed empört. »Dabei ist mein Papa hier Staatsbürger!«

»Die kann Türken und Bosnier nicht leiden«, sagt Amina.

Dominik schämt sich sehr. Er weiß nicht, was er sagen soll.

Neben dem breiten Hoftor geht eine Haustür auf. Ein Mann mit Glatze kommt auf die Kinder zu. Er trägt eine Einkaufstasche und geht sehr schnell.

»Wer ist das?«, flüstert Laura.

»Keine Ahnung«, sagt Dominik. »Der wohnt, glaub ich, erst seit kurzem da.«

Der Mann schaut erst Dominik, dann Achmed an. »Ich habe alles mitgehört. Ich wohne seit zwei Wochen dort drüben im ersten Stockwerk. Althammer mein Name. Es tut mir Leid, was diese Frau geschrien hat. Ich möchte mich für sie entschuldigen, obwohl ich sie nicht näher kenne. Was wird das hier?« Er deutet auf den Grasplatz.

Achmed zieht ein Blatt Papier aus seiner Jackentasche. »Da hab ich den Hofgarten geplant. Also – nicht für mich, sondern für meinen Freund. An jeder Ecke einen Strauch mit Lavendel rundherum, denn der riecht gut. Einfach Ableger von Flieder oder Forsythien, die wir uns von Omas und Freunden zusammenbetteln. In der Mitte ein großes Kinder-Nasch-Beet. Das stell ich mir so vor: Erdbeeren und Radieschen, die wachsen nämlich schnell, und mittendrin eine Kletterhimbeere auf einem Obelisken. Ein Obelisk ist so eine Art Ständer aus Eisen oder Kunststoff.«

»Aha. Und das da?«, fragt Herr Althammer.

»Da will ich einen Weg zum Naschbeet machen, aus alten Ziegeln, die wir bei uns im Keller gefunden haben. Und hier, im Naschbeet, legen wir Bretter zwischen die Pflanzen, damit man überall gut hinkommt.«

»Gar nicht übel«, sagt Herr Althammer. »Den Obelisken und die Kletterhimbeere kriegt ihr von mir. – Eins noch. Jedes Wort in diesem Hof hallt sehr. Ein bisschen leiser dürft ihr schon sein! So, und jetzt muss ich mich beeilen. Sonst bekomme ich kein Brot mehr.« Er nickt den Kindern zu und geht.

Sie starren ihm nach.

»Ich glaube, für den bastle ich ein Extra-Osterei!«, sagt Laura.

Aus der Ostermappe

Abendmahl

Brot macht satt
und Wein macht froh,
und beides hast du geteilt,
Jesus, mit deinen Freunden.
Nach altem Brauch
hast du den Segen gesprochen
und Gott gelobt und gepriesen,
weil er den Weinstock erschuf
und Brot aus der Erde
hervorgehen lässt.
Und dann – dein Abschiedsgeschenk:
Im gemeinsamen Mahl
bleibst du bei uns.
Brot und Wein
sind Zeichen dafür –
weil es uns schwer fällt,
nichts in der Hand zu haben.
Weil wir kosten wollen,
wie lieb du uns hast.

Unter dem Kreuz

Sie haben ihn sterben gesehen
und konnten nichts für ihn tun
außer da sein und beten
und weinen und mit ihm leiden:
die Mutter Maria mit Schwester und Schwägerin,
die Lieblingsschülerin Magdalena
und der junge Johannes, der liebste Freund,
der Einzige, der seine Angst überwand
und nicht auf und davon lief
wie alle übrigen Männer.
Es heißt, dass in dieser bitteren Stunde
der Himmel finster geworden ist,
und keine und keiner unter dem Kreuz
konnte Gottes Wege verstehen,
und niemand dachte an neue Freude
oder ein Wiedersehen am dritten Tag
oder an einen Morgen am See,
da sie gebratenen Fisch und Honig
teilen würden mit ihm, dem Lebendigen.
So haben wir Heutige ihnen etwas voraus:
den Glauben an seine Auferstehung,
den Trost und die Hoffnung, dass mitten im Tod
der lebendige Jesus an unserer Seite steht.

Warum Frau Mühlheim Bräuche braucht

Laura steht in der Küche der alten Apothekerin und hilft beim Ostereier-Verzieren. Auf die gefärbten Eier klebt sie kleine Abziehbildchen: Küken, Blumen, Glocken, Lämmer.

»Ich weiß, das ist altmodisch, und du wunderst dich bestimmt darüber, dass ich das mag«, sagt Frau Mühlheim zu Laura. »Aber so haben Ostereier in meiner Kinderzeit ausgesehen.«

»Ich finde sie toll«, ruft Laura. »Ich wundere mich nur, dass Sie so viele Eier brauchen.«

»Die kommen alle in meinen Osterkorb«, erklärt die alte Apothekerin. »Den trage ich am Ostersonntag in die Kirche zur Speisensegnung und dann schenke ich die Eier meinen Bekannten.«

»Speisen-was?«, fragt Laura.

»Speisensegnung«, antwortet Frau Mühlheim.

»Ein schöner alter Brauch. Speisenweihe haben wir
als Kinder gesagt. Brot, Eier, Fleisch – alles, was im
Korb ist, wird vom Pfarrer gesegnet. ›Gott, segne diese
Speisen und alle, die davon essen‹, betet der Pfarrer.
Von den gesegneten Speisen hat uns die Mutter beim
Mittagessen den Vorspeisenteller gerichtet. Also noch
vor der Suppe haben wir ein Stück Brot, Schinken und
ein Ei aus dem Weihkorb bekommen. Weihkorb – so
haben wir damals unseren Osterkorb genannt. Der
Korb war immer schön geschmückt. Wir haben ihn
mit einer kleinen Decke zugedeckt, die in Kreuz-
stichmuster bestickt war. Diese Decke hab ich immer
noch. Schau nur, frisch gewaschen und gebügelt –«
Sie zeigt zum Bügeltisch hinüber. Dort liegt die weiße
Decke mit der roten Stickerei ausgebreitet.

Viele Gedanken gehen Laura durch den Kopf.

»Bringt man mit diesem Osterkorb ein Stück Segen
mit nach Hause?«, fragt sie.

Die Apothekerin lächelt. »Ja. Für mich war er
immer ein Zeichen, dass Gott die Menschen lieb hat
und sich freut, wenn sie miteinander essen.«

»Kann man noch andere Sachen in den Korb tun?«

»Ja, freilich, Laura. Butter, Salz, einen Osterkuchen … Ich kenne eine alte Frau, die tut immer eine
Flasche Wein hinein.«

»Und Schokolade?«, fragt Laura.

»Du kannst in deinen Korb natürlich einen Schokohasen tun«, sagt Frau Mühlheim.

»Oder eine andere kleine Osterüberraschung?«

»Was du willst!«

»Ich war noch nie bei einer Speisensegnung«, sagt Laura. »Ich habe noch nie so einen Korb gehabt. Aber diesmal, glaube ich, will ich einen haben.« Sie wandert in der Küche herum und schaut die Backformen an, die an der Wand hängen. »Bei Ihnen ist alles so bunt und lustig!« Nun entdeckt sie den kleinen Weidenkätzchenstrauß hinter dem hölzernen Kreuz über dem Küchentisch. »Einen Palmbuschen hat die Oma auch. Von der Prozession am Palmsonntag. Auch so ein Osterbrauch, nicht?«

»Zur Erinnerung an die Leute in Jerusalem, die Jesus mit Liedern und grünen Zweigen begrüßt haben«, sagt die Apothekerin. »Mir bedeuten alle diese Bräuche viel. Ich brauche sie zum Nachdenken. Ich denk mir: Ich habe dabei ein Zeichen in der Hand für etwas, das man sonst nur schwer versteht. Denk nur an die Osterkerze. Das ewige Leben bei Gott – das kann sich keiner ausmalen und vorstellen. Aber dass nach einer finsteren Nacht die Morgenröte kommt, das hat man schon erlebt, oder wie eine einzige Kerze einen dunklen Raum erhellt. Licht und Feuer als Zeichen für Gottes Kraft, das finde ich schön, da fühle ich, dass diese Zeichen stimmen. Bräuche sind Zeichen für besondere Zeiten im Jahr oder im Leben des Menschen. Ein Brauch sagt mir: Jetzt gib Acht, lass die Alltagshetzjagd, spüre die besondere Zeit!«

»Spür die besondere Zeit –«, wiederholt Laura. Und wieder fällt ihr Vanessa ein. Gott, ich hab einen Tipp für dich, denkt sie. Mach, dass auch Vanessa die besondere Zeit spürt.

»Du bist auf einmal so nachdenklich, Kind«, sagt Frau Mühlheim.

»Ich habe eine Klassenkameradin, für die ist die Osterzeit nur Schokohasenzeit«, erzählt Laura.

»Ach, die Arme«, sagt Frau Mühlheim. Sie kramt im Küchenschrank und stöbert einen alten geflochtenen Einkaufskorb hervor. »Magst du den als Osterkorb? Für mich ist er zu groß. Und nun such dir von unseren Eiern die schönsten aus. Ich schenk sie dir, damit du sie am Sonntag in die Pfarrkirche zur Speisensegnung tragen kannst.«

Zwiebel-Eier-Oster-Kunst

Urgroßtante Sophie sitzt im Rollstuhl mitten in der Küche. Sie kommandiert die Oma, Laura, Amina, Dominik und die Zwillinge Sonja und Moni herum. Lauras Mutter kann sie nicht herumkommandieren. Die hat Daniel in den Kinderwagen gepackt und ist mit ihm auf einen langen, langen Spaziergang ausgefahren.

»Bitte alte zerrissene Leinentücher oder Geschirrtücher!«, ruft Tante Sophie. »Gibt's hier keine Schublade mit Lumpen und Resten? Ah, sehr gut! Schneidet quadratische Stücke von 20 bis 25 Zentimeter Seitenlänge! Kochen die Eier schon? Wenn sie hart gekocht sind, mit kaltem Wasser abschrecken. Dann wickeln wir sie in die Zwiebelschalen.« Sie deutet mit dem Kinn auf die rote Mappe, die auf dem Küchentisch liegt. »Gut gemeint, diese Tipps von eurer Lehrerin. Ihre Kochrezepte sind ja ganz in Ordnung. Aber ich habe mir gleich gedacht, dass sie keine Ahnung von den echten, alten Zwiebelfarbeneiern hat. Das wissen nur noch Leute wie ich. Zwiebelostereier sind farblich marmoriert, wie gebatikt, nicht einfarbig braun. Das erreichen wir, indem wir die Zwiebelschalen eng um die Eier legen, dicht, Dominik, ganz dicht, und die Eier so eingehüllt in die Stofflappen binden. Richtest du Zwirnfäden her, Amina? Rote für Moni, blaue für Sonja, gelbe für dich! Für jeden eine andere Farbe, damit jeder am Schluss sein eigenes Kunstwerk bewundern kann! Laura, stell schon den Kochtopf auf, halb Wasser, halb Essig. In diesem Sud lassen wir die Stoffpäckchen für zehn Minuten köcheln.«

Laura zwinkert Dominik zu. Er zwinkert zurück. Er weiß, dass Laura Gott einen Tipp gegeben hat: Bitte mach, dass Tante Sophie wieder einmal so richtig vergnügt ist. – Tante Sophie ist vergnügt, wenn andere Leute um sie herumwirbeln.

Die Oma stellt die Schüssel mit den Zwiebelschalen auf den Tisch. Es war gar nicht leicht, so im Handumdrehen derart viele Schalen zu sammeln. Laura und Dominik haben sie in den letzten Tagen zusammengetragen.

»Habt ihr an den Speck gedacht?«, fragt Tante Sophie. »Mit dem Speck reiben wir dann die fertigen Eier ein, bis sie glänzen. Laura, hilf den Zwillingen beim Einbinden. Brav macht ihr das. Amina, du kannst schon den Speck in kleine Stücke schneiden, damit jeder eins hat. Gerauft und gemeckert wird hier nicht!«

Das gilt den Zwillingen. Aber die sind heute wie ausgewechselt. Still und emsig arbeiten sie, keine zwickt die andere, keine kreischt. Ihre Wangen glühen vor Eifer.

Die Oma hebt die ersten Zwiebeleierpäckchen aus dem Topf und lässt sie auf einem Teller ein bisschen auskühlen. Der weiße Baumwollstoff hat sich gelbbraun verfärbt. Vorsichtig schneidet sie die Fäden durch. Vorsichtig wickeln die Kinder ihre Eier aus dem feuchten, warmen Stoff.

»Toll!«, ruft Dominik.

»Super«, flüstert Amina.

»Echt schön«, sagt Laura stolz.

Die Zwillinge sind stumm vor Glück.

»Hochedel«, sagt die Oma zufrieden. »Geradezu vornehm in den Farbabstufungen.«

»Lasst mich auch sehen!«, ächzt Tante Sophie und stemmt sich aus dem Rollstuhl hoch. Sie greift nach

den Krücken und geht mühevoll zwei, drei Schritte Richtung Küchentisch. »Na, wunderbar sind sie geworden, alle! Eins schöner als das andere. Ich hab mir ja gleich gedacht ...« Erschrocken hält sie inne. Dann geht ein Freudenschein über ihr altes, faltiges Gesicht. »Also, so etwas! Jetzt bin ich allein aufgestanden, ohne Hilfe, ganz allein! Vor lauter Neugier auf die Eier hab ich vergessen, dass ich nicht allein aufstehen kann! So eine Überraschung! Ich hab's geschafft, ohne nachzudenken, einfach so.« Sie lächelt. »Sozusagen eine winzig kleine Auferstehung am Gründonnerstag! Und wenn ich weiter solche Fortschritte mache, werde ich euch nicht allzu lange zur Last fallen müssen!«

Laura strahlt sie an. »Jetzt brauchst du aber einen Schluck von deinem Lieblingswein zur Feier des Tages, ja?«

Die Oma schmunzelt. Schnell holt sie Gläser aus dem Schrank. Den Kindern schenkt sie Apfelsaft ein und sich selbst einen kleinen Schluck Wein. Die Urgroßtante aber kriegt ein großes Glas, gefüllt mit samtrotem Wein aus Südtirol.

Die Sache mit dem Ostervogel

Traurig zeigt Dominik auf die frisch gestrichene grüne Bank an der Hauswand. »Gestern hat sich meine Mama Zeit genommen und wir haben gemeinsam die Bank gestrichen. Und jetzt schau dir das an, Laura! Diese Streifen da ... Da war heute früh eine tote, zerquetschte Taube. Wie von einem Auto überfahren, verstehst du? Die Taube ist nicht hier gestorben, die hat jemand in der Nacht oder ganz in der Früh hergelegt. Um uns diese Bank zu verekeln!«

Laura spürt, wie ihr heiß wird. »Hast du noch grüne Farbe übrig? Damit wir diese Stelle ausbessern?«

»Hab ich. Aber was nützt es, wenn da jemand dagegen ist, dass wir hier sitzen und spielen?«

Laura ballt die Fäuste. »Gib nicht auf, Dominik!

Du darfst den Hof verschönern und du wirst hier draußen sitzen, wenn die Bank erst einmal trocken ist!« Sie geht mit Dominik in die ebenerdig gelegene Wohnung hinein. Die Zwillingsschwestern kauern vor dem Küchenfenster und starren in den Hof hinaus.

»Die böse Frau!«, flüstert Moni.

»Sie hat altes Brot und Knochen heruntergeworfen«, erzählt Sonja.

»Die Mama sagt, dann kommen die Ratten!«, ergänzt Dominik. »Wir haben das Zeug sofort in den Abfall geworfen. Aber jeden halben Tag liegt neuer Dreck da.«

»Da, schon wieder!«, kreischt Moni. »Und noch einmal!«

Laura stürzt ins Freie. Sie hört nur noch ein Fenster im ersten Stockwerk klirren. Aufmerksam geht sie die Kanten der Grasfläche ab. Neben einem jungen Salbeistrauch liegt eine leere Ölflasche. Sie hat sich halb in die weiche Erde gebohrt. Im Niederfallen hat sie einen Salbeizweig geknickt. Laura hebt die Flasche auf und sucht weiter. Auf dem Ziegelsteinweg geht sie bis zur Mitte des Hofgartens, bis zum Kinder-Nasch-Beet. Hier ist ein kleiner Himbeerstrauch mit seinen Ranken an ein Klettergerüst gebunden, Herrn

54

Althammers Geschenk. Dicht davor liegt das zweite Wurfgeschoss, eine vertrocknete Sellerieknolle. Laura sammelt auch sie ein und trägt Flasche und Knolle zur Mülltonne. Die steht unter dem Torbogen, der vom ersten gepflasterten Hof in den zweiten, den Grashof, führt. Als Laura den Deckel der Tonne aufschiebt, sieht sie Herrn Althammer von der Straße her kommen, mit Hut und Mantel und Aktentasche. So sieht auch Lauras Papa aus, wenn er vom Büro heimkommt.

»Herr Althammer«, sagt Laura, »gucken Sie, was uns jemand in den Garten geworfen hat ...«

»Ärgerlich«, sagt der Mann. »Nun kommt es darauf an, wer länger durchhält. Ihr mit dem neuen Gras und den Setzlingen, oder ein verbitterter Mensch mit seiner Wut auf alles Neue.«

Laura schiebt den Mülldeckel zu und erzählt die traurige Geschichte von der toten Taube.

»Wenn es die Frau aus dem ersten Stockwerk war, dann will sie nicht, dass Leute im Hof draußen sitzen«, sagt sie.

»Hm, hm, hm«, murmelt Herr Althammer. »Vielleicht sollte ein Erwachsener mit dieser Frau friedlich reden. Dominiks Vater zum Beispiel?«

»Der ist mit seiner Freundin auf Osterurlaub«, antwortet Laura. »Und Dominiks Mama ist mit den Nerven am Ende, sagt Dominik. Die legt sich bestimmt nicht mit anderen Leuten an. Auch nicht friedlich.«

»Oh, aha. Das ist ... Ich verstehe. Lass mich das alles erst einmal überschlafen, ja?« Er nickt Laura freundlich zu und verschwindet im Haus.

Laura geht zu Dominik und den Zwillingen zurück. Die drei sehen so niedergeschlagen aus, dass sie Laura Leid tun. Gott, ich hab einen Tipp für dich, denkt sie. Mach, dass sie wieder Mut bekommen ...

Moni schmiegt sich an Laura. »Bleibst du bei uns, bis die Mama heimkommt?«

»Nein. Dominik ist ja bei euch. Aber ich hätte Lust, einen Ostervogel zu basteln. Hast du deinen schon gemacht, Dominik?«

»Nein ...« Dominik holt die Ostermappe und das Säckchen mit dem Bastelmaterial aus seinem Fach. »Das reicht aber nur für EINEN Ostervogel.«

»Gut. Machen wir den!«

Es ist gar nicht leicht, die Hilfsarbeit gerecht auf die Zwillinge zu verteilen. Als der Ostervogel endlich fertig ist und die bunten Federn auf seinem Styroporkörper leuchten, fängt das Gekreische an. »Mir gehört er!« – »Nein, mir!«

Die Zwillinge boxen und zwicken einander.

»Keiner von euch gehört er!«, schreit Dominik. »Es ist meiner und ich schenke ihn der Mama!«

Die Zwillinge heulen, dass es Laura in den Ohren schmerzt. »Habt ihr Eier im Kühlschrank?«, fragt sie. »Und altes Geschenkpapier? Und so etwas Ähnliches wie eine Stricknadel oder einen Fleischspieß?«

Dominik gibt Laura zwei Eier aus dem Kühlschrank und ein hölzernes Spießchen. Laura sticht die Eier an beiden Enden an und bläst und bläst. Sie bläst Eiweiß und Dotter in eine Schüssel. »Heute Abend muss euch die Mama Omelett machen«, sagt sie zu den Zwillingen.

Sie wäscht die ausgeblasenen Eier sauber und trocknet sie vorsichtig mit einem weichen Küchentuch. Aus dünnem Seidenpapier schneiden die Zwillinge je ein Flügelpaar. Sie falten Fächerschwänze. Dominik formt Köpfchen aus Watte und klebt sie an die Eier. Laura fädelt durch jedes Flügelpaar einen Faden zum Aufhängen und klebt die Vogelkörper unter die Flügel. Weil die Schwänze ein bisschen schwer geraten sind, fliegen die Ostervögel nicht waagrecht, sondern schnabelaufwärts. »Sie fliegen der Sonne entgegen«, sagt Laura und hängt sie unter die Küchenlampe.

Die Zwillinge sind zufrieden. Mit gespitzten Lippen schicken sie ihren Ostervögeln guten Flugwind. Laura verabschiedet sich.

»Komm bald wieder«, bittet Dominik leise. »Morgen oder übermorgen. Spätestens übermorgen.«

Laura nickt. Sie hat ein warmes Gefühl in der Brust. Oder im Bauch. Jedenfalls tief innen in ihrer Mitte.

Als sie am Karfreitag auf ihrem Cityroller in den Gartenhof flitzt, sieht sie als Erstes das große Plakat neben der grünen Bank: Achtung, Bank frisch gestrichen! Bitte nichts drauflegen!

Laura grinst. Sie rollt eine Runde um den Hofgarten. Sie rollt an zwei Gartenstühlen und einem kleinen Klapptisch vorbei. Die stehen neben dem Eingang und dieser Eingang ist von zwei Töpfen mit kugelförmigen Buchsbäumchen geschmückt.

Dominik kommt mit einer Gießkanne in den Hof heraus.

»Macht sich nicht schlecht dort drüben, was?«, sagt er. »Das alles hat Herr Althammer aufgestellt. Und gestern Abend hat er meiner Mama geholfen die Bank auszubessern.«

»Wie geht es deiner Mama?«, fragt Laura.

»Irgendwie zwischen gut und schlecht«, sagt Dominik. »Im Moment ist sie mit den Zwillingen fort, neue Schuhe kaufen. Sie hat sich vorgestern ganz schön aufgeregt. Wegen der zwei Eier, weil ich nicht gefragt habe. Und besonders wegen des spitzen Holzstäbchens. Weil die Zwillinge sich damit die Augen hätten ausstechen können, oder so ... «

»Ach komm«, murmelt Laura.

»Und meinen Ostervogel hat sie auch nicht aufgehängt«, sagt Dominik traurig. »Ich habe keine Ahnung, wohin sie ihn getan hat.«

»Wahrscheinlich hängt sie ihn erst am Ostersonntag auf«, sagt Laura, aber sie spürt selbst, dass das nur ein schwacher Trost ist.

Während Dominik die jungen Pflanzen gießt, dreht sie eine zweite Runde um den Hofgarten. Sie schaut zu allen Fenstern hoch. Aus einem Fenster im Erdgeschoss guckt eine junge Frau. »Allerhand, was ihr zustande gebracht habt!«, sagt sie fröhlich. »Ich hab von meiner Schwiegermutter eben ein paar Primelstöckchen bekommen, rote und gelbe, an Stelle von Ostereiern. Wenn Dominik sich die holen will?«

»Will er bestimmt, ich sag's ihm gleich!« Fröhlich fährt Laura weiter. Das Fenster der mürrischen Frau im ersten Stockwerk ist geschlossen, aber der Vor-

hang dahinter bewegt sich. Eines der Althammer-
Fenster im ersten Stockwerk gegenüber ist weit geöffnet. Man kann die weißen Vorhänge dahinter
sehen. Und zwischen den Vorhängen wiegt sich etwas Kleines, Buntes im Luftzug.

Laura tippt Dominik auf die Schulter. »Erstens
sollst du bei der netten Frau da drüben klingeln«,
sagt sie. »Und zweitens hab ich deinen Ostervogel
entdeckt. Dort oben, schau!«

»Ich bin baff«, sagt Dominik.

»Ich nicht!«, sagt Laura. »Deine Mama wollte sich
wohl für die Hilfe beim Streichen bedanken. Und
überhaupt für die Hilfe bei unserem Garten. Da hat
sie sich einfach deinen Ostervogel geschnappt, ohne
dich zu fragen, ob sie ihn weiterschenken darf.«

Dominik denkt nach. Er runzelt die Stirn vor lauter Nachdenken. »Das durfte sie schon«, sagt er
langsam. »Es war ihr Ostervogel. Er hat ihr gefallen.
Meine Mama würde nie etwas weiterschenken, was
ihr nicht selbst gefällt.«

Aus der Ostermappe

Ostervögel

Ich habe Ostervögel gebastelt,
große und kleine,
aus Styropor und Federn
und allerlei Resten.
Sie wiegen sich auf Flügeln
aus Seidenpapier,
sie spreizen die bunten Fächerschwänze
und schweben an feinen Fäden
von der Decke herab.

Such dir den schönsten aus!
Für einen kleinen Ostervogel
genügt schon ein Weidenzweig,
aber den großen musst du vors Fenster
über den Schreibtisch hängen!

*Lass ihn dort fliegen bis Pfingsten,
den Freudenvogel, den Sehnsuchtsvogel,
den Hoffnungsvogel, den Lebensvogel.*

*Er ist aus dem Ei gekrochen
wie aus der dämmrigen Höhle,
wie aus dem dunklen Grab,
und hat im Licht die Flügel gebreitet.
Das Leben bekommt Flügel, das ist es,
was dir mein Ostervogel sagt.*

Kramuri für
das Osterfeuer

Ich beneide Julia«, sagt Dominik. »Die ist jetzt auf dem Winzerhof bei ihrem Großvater und sie bereiten alles fürs Osterfeuer vor. Vielleicht durfte Vanessa auch hinfahren. Die hätte mich ja mitgenommen, wie letzten Herbst bei der Weinlese, aber die Mama will nicht, dass ich über Nacht weg bin.«

»Rat einmal, wie es mir gegangen ist, als ich zu Julias Osterfeuer wollte«, murmelt Laura. »In meiner Familie hat keiner Lust und Zeit, mich hinzufahren und abzuholen.«

Sie sitzen in Lauras Baumhaus, mit warmen Jacken und Mützen, denn es ist noch ziemlich kühl so früh am Karsamstag-Vormittag, und frühstücken Kakao aus einer Thermosflasche und Butterbrote.

»Ein kleines Osterfeuer wäre ja in unserem Gartenhof möglich gewesen«, sagt Dominik. »Aber die Mama meint, wir sollen uns diese Idee für nächstes Jahr aufheben. Man kann die Leute in unserem Hof nicht so schnell an so viel Neues gewöhnen. Du! Übrigens – heute früh war kein neuer Dreck im Gras. Und die Frau Birkbauer, das ist die mit den Primeln, die hat eine blau gestrichene Kiste voller Kräutertöpfe vor ihrem Küchenfenster aufgestellt und zu meiner Mama gesagt: ›Pflücken Sie ruhig von meinem Thymian, der reicht für zwei Familien!‹ Dann haben sie über Suppenrezepte gequasselt, endlos, und ich war in der Zwischenzeit Zwillingsdompteur.«

»Klingt trotzdem gut«, sagt Laura. »Wieder jemand, dem der Gartenhof Spaß macht!«

Sie teilt mit Dominik das letzte Butterbrot.

Dominik kaut und runzelt die Stirn, wie immer, wenn er angestrengt nachdenkt. Dann fragt er: »Warum macht ihr kein Osterfeuer? Platz wäre doch genug?«

»Wo denn?«, fragt Laura. »Im Gras erlaubt der Papa kein Feuer, weil er keine hässlichen nackten Flecken im Rasen mag. Die Mama hat ihm unser Stück Blumenwiese dort drüben richtig abgekämpft!«

65

Auf einmal hat Dominik leuchtende Augen. »Du! Ein ganz kleines Osterfeuer. Auf eurer Terrasse, in einem Feuerkorb.«

Nun ist es Laura, die nachdenken muss. Ziemlich lange denkt sie nach. »Warte hier auf mich!«, sagt sie schließlich. »Vielleicht krieg ich den Papa rum!«

Lauras Vater liegt noch im Bett, im rot-weiß gestreiften Pyjama, und hat den lachenden Daniel auf seinem Bauch liegen. Laura schlüpft aus den Schuhen und kriecht zu ihm ins Bett. »Papa! Jetzt weiß ich, was ich mir zu Ostern wünsche!«

»Reichlich spät!«, jammert Lauras Vater. »Der Osterhase hat, hör ich, schon was eingekauft.«

Laura schmiegt sich an seine unrasierte Wange. »Ich wünsch mir ein ganz kleines Osterfeuer, in dem man ein bisschen Kramuri verbrennen kann, draußen auf der Terrasse, in einem Feuerkorb. Und ich möchte Dominik und noch ein paar Leute einladen. Bitte!«

Ihr Vater überlegt. »Ja, wenn wir einen Feuerkorb hätten … Wir haben aber keinen, und so schnell einen kaufen, das will ich nicht.«

»Wenn ich einen Feuerkorb auftreibe, hilfst du mir dann beim Feuermachen?«

»Aber klar!«, murmelt er.

Laura kitzelt ihren Vater und Daniel, schnappt sich die Schuhe und tappt in die Küche. Tante Sophie sitzt im Rollstuhl und trinkt Kaffee, Lauras Mutter backt Osterkuchen.

»Back gleich zwei!«, bittet Laura. »Wir haben Besuch heute Abend.«

»Das kann doch nur ein Witz sein«, meint ihre Mutter.

»Gar nicht! Der Papa hat gerade gesagt, er hilft mir beim Osterfeuer. Wo ist die Oma?«

»Mit dem Auto weg. Für die Feiertage einkaufen.«

»Oh. Gut. Leihst du mir dein Handy?«

»Irgendwas stimmt da nicht«, sagt Lauras Mutter zu Tante Sophie, aber Laura ist schon draußen im Flur und sucht im kleinen Telefonbuch nach Opas Nummer. Seit Oma und Opa geschieden sind, sieht sie den Opa nur noch selten. Nur wenn die Oma einmal länger weg ist, kommt der Opa geschwind vorbei. Oder er holt Laura von der Schule ab, und sie gehen gemeinsam Pizza essen. Opa hat seine Freundin geheiratet und die Oma hat immer noch Kummer deswegen.

Hoffentlich ist der Opa nicht auch auf Osterurlaub wie Dominiks Papa!

»Hallo Opa?«

An Opas Stimme merkt Laura, dass er sich über den Anruf freut. Er will wissen, wie es allen geht und ob Laura sich noch schnell etwas zu Ostern wünscht.

»Ja! Hast du zufällig einen alten Feuerkorb im Keller? Oder kannst du dir für mich einen ausleihen? Na, für ein kleines Osterfeuer auf der Terrasse – mit Schulkameraden. Papa hat es erlaubt. Oh, das ist fein! Kannst du ihn vorbeibringen?«

Zwei Stunden später kauern Laura und Dominik vor einem schweren eisernen Feuerkorb auf der Terrasse, während Lauras Eltern in der Küche eine kleine Meinungsverschiedenheit austragen.

»... so hopplahopp wie aus einem Überraschungs-Ei ...« Das ist die Stimme von Lauras Mutter.

»... eben ein bisschen erfinderisch sein ...« Das ist die Stimme von Lauras Vater.

Und irgendwann erschallen Tante Sophies Freudenrufe: »Was! Ein echtes, kleines Osterfeuer! Dass ich das noch erlebe!«

Lauras Vater kommt mit sorgenvollem Gesicht auf die Terrasse zu den Kindern. »He, Laura, die Mama will wissen, wie viele Gäste wir erwarten, und für wann genau?«

»Na, vielleicht die Frau Mühlheim und Dominiks Mama und die Zwillinge und Amina, falls die darf, und ... und vielleicht noch jemand ...«

»Wenn's dunkel ist«, sagt Dominik.

Lauras Vater seufzt. »Ich muss Feuerholz besorgen.«

»Nicht zu viel, Papa. Jeder soll sich warm anziehen und ein bisschen Kramuri zum Verbrennen mitbringen.«

Im Baumhaus schreiben und zeichnen Laura und Dominik ein paar Einladungskarten und tragen sie aus.

»Die paar Schritte bis zu eurer Terrasse werde ich schaffen!«, sagt Frau Mühlheim gerührt. »Und ein paar trockene Äste zum Anfeuern könnt ihr gleich mitnehmen.«

»Also, Laura, was sich deine Eltern für euch alles antun!«, seufzt Dominiks Mutter. »Da mach ich noch schnell einen Heringssalat. Der passt immer.«

Herr Althammer findet die Einladung vor seiner Wohnungstür. Er liest erstaunt, dass er »GRAMUHRI« mitbringen soll, zum Verbrennen. Dann begreift er, was gemeint ist. In seinem neuen Haushalt gibt es aber kein altes, unnütz gewordenes Zeug zum Verbrennen. Keinen wackligen Sessel, dem ein Bein fehlt. Keine alten Illustrierten. Kein zerbrochenes Regal, das man längst schon kurz und klein hacken wollte. Überhaupt nichts, was Kramuri ähnlich sieht. Oder doch?

Herr Althammer kramt in seinem Wäscheschrank. Er stöbert ein Bündel Briefe hervor, wickelt sie in viele Schichten Zeitungspapier und legt sie auf den Küchentisch. Lange sitzt er davor und grübelt.

Der Frühlingsmond ist noch fast voll. Langsam steigt er über die Dächer. Im Feuerkorb auf der Terrasse glüht es rot. Die alte Apothekerin zieht einen Zettel aus ihrer Manteltasche. »Bei uns zu Hause haben wir immer auch was aufgeschrieben, was wir verbrennen wollten. Seelische Kramuri, verstehen Sie? Gedanken, die man loswerden will. Das ewige Gekränktsein, weil die lieben Verwandten so selten anrufen, zum Beispiel. Die Angst vor dem Noch-älterwerden … Alles, was einen unnütz belastet.« Sie wirft den Zettel in die Glut, ein paar Funken glühen auf.

»Interessante Idee«, murmelt Tante Sophie.

Lauras Vater schenkt den Erwachsenen Wein nach. Die Kinder trinken warmen Honigtee.

»Will jemand Papier und Bleistift?«, fragt Lauras Mutter.

Ein paar Köpfe nicken im Dunkeln.

»Da gäb's manches aufzuschreiben«, flüstert Dominiks Mutter.

»Tun Sie's!«, sagt die Oma. »Ich versuche es auch.«

Ein zusammengeknüllter Zettel fliegt in den Feuerkorb. Ein zweiter. Ein dritter.

Herr Althammer legt Holz nach. Und dann steckt auch er einen Zettel zwischen die Scheite. Sein Briefbündel ist längst zu Asche verbrannt.

»Ich mach mich dann auf den Weg zur Osternachtsfeier in unserer Kirche«, sagt die Oma. »Soll ich Sie im Auto mitnehmen, Frau Mühlheim?«

»Das wäre schön, danke vielmals.«

»Wir brechen auch auf!«, sagt Dominiks Mutter. »Die Zwillinge gehören ins Bett.«

Aber Dominik will etwas zum Verbrennen schreiben. Er braucht mehr Licht dazu. Er geht mit Laura ins Zimmer hinein und beschreibt drei kleine Zettel.

»Kannst sie meinetwegen lesen«, sagt er zu Laura.

Laura liest: »Wut auf die Zwillinge.« – »Wut auf den Papa.« – »Wut auf mich selber, weil ich oft so wütend bin.«

»Und nicht auch auf die Frau im ersten Stockwerk, die den Dreck heruntergeworfen hat?«, fragt Laura.

»Ach, die!«, sagt Dominik. »Über die ärgere ich

mich. Aber das ist kein schlimmer Ärger, der mich im Hals würgt.«

Laura nickt. Sie nimmt einen Zettel und schreibt einen langen Satz: »Ich hab oft keine Geduld mit dir, Gott, weil du manchmal so lange brauchst, bis du auf meine Tipps hörst.« Die Worte »keine Geduld« unterstreicht sie dreimal, dann zeigt sie Dominik, was sie geschrieben hat.

»Gut. Ins Osterfeuer damit!«, sagt Dominik.

Sie verknüllen die Zettel zu einem einzigen Papierball. Der knistert und verbrennt in einer hell aufzuckenden Flamme.

Ein kleiner Bär
im Osterkorb

Nach dem Gottesdienst bittet der Pfarrer alle, die wollen, zur Speisensegnung in den Garten hinter der Kirche. »Erstens müssen wir das prachtvolle Wetter an diesem Ostersonntag nutzen«, sagt er. »Zweitens hab ich heut in aller Früh Ostereier für die Kinder versteckt, die können sie nach der Speisensegnung suchen.«

»Juchu!«, rufen die Kinder und rennen so schnell auf die grüne Wiese hinaus, dass die Erwachsenen kaum hinterherkommen.

Der Pfarrer schmunzelt, als er die Kinder so erwartungsvoll im Gras stehen und nach allen Seiten blinzeln sieht. Sie versuchen jetzt schon, die Ostereier zu entdecken. Aber er hat sie gut unter den Sträuchern versteckt, manche sogar in den Astgabelungen des alten Kirschbaums. Die findet man nur, wenn man auch einmal in die Höhe schaut und einen zweiten Menschen bittet, einem die Räuberleiter zu machen!

In der ersten Reihe warten zwei Kinder, die nicht nach Eiern gucken: Laura und Dominik. Gemeinsam halten sie einen großen Osterkorb. Er ist mit Blumen und Bändern geschmückt.

Der Pfarrer freut sich. »Da habt ihr euch viel Mühe gegeben«, sagt er und betrachtet den Korb näher. »Diese schönen Zwiebeleier. Oh, und sogar ein Teddy steckt da drin.«

Dominik fragt: »Gilt der Teddy auch?«

»Wie meinst du das?«

»Na, kriegt der kleine Bär auch ein Stück Segen ab?«, fragt Laura. »Wir wollen ihn nachher nämlich verschenken.«

»Gott ist kein Langweiler und er lässt sich nicht lumpen«, antwortet der Pfarrer. »Alles, wofür ihr ihn um seinen Segen bittet, schaut er liebevoll an. Außerdem hat er den Menschen die Gabe geschenkt, einander zu segnen. Ja, er hat sogar Freunde gehabt und hat bestimmt auch heute noch Freunde unter den Menschen, die den anderen zum Segen werden – auf die Art und Weise, wie sie leben und mit anderen umgehen. Du bist ein Segen für mich – das hört man doch noch ab und zu, Gott sei Dank.«

»Siehst du«, sagt Laura zu Dominik. »Der Bär gilt!«
Nun haben sich alle versammelt, mit großen und
kleinen Körben, mit Taschen und unauffälligen
Plastiksäcken. Der Pfarrer betet das Segensgebet,
breitet die Arme weit aus und sagt zum Schluss:
»Gott möge auch alle Menschen segnen, die ein Geschenk aus einem dieser Körbe erhalten!«

Da nickt ihm Laura zufrieden zu.

»Bitte!«, ruft ein kleiner Junge aus der letzten
Reihe. »Sind die Eier, die Sie versteckt haben, auch
gesegnet?«

»Ja!«, sagt der Pfarrer. »Ihr dürft Gott zutrauen,
dass er mit seinem Segen nicht geizig ist. Und nun
viel Spaß beim Eiersuchen!«

»Dominik«, sagt Laura, »ziehen wir gleich los.
Gehen wir mit unserem Korb an Vanessas Garten
vorbei. Es ist nicht so weit von hier.«

»Das weiß ich! Meine Mama arbeitet doch dort als
Putzfrau zweimal in der Woche! Du! Wenn wir mit
dem Korb hingehen, dann weiß Vanessa aber gleich,
woher der Bär kommt!«

»Das schadet nicht. Außerdem kann Vanessa kei-
nem Teddy widerstehen.«

Dominik ist einverstanden. Aber sofort kann er
mit Laura nicht losziehen, weil ein kleiner Junge ihn

am Ärmel packt. Es ist derselbe, der nach dem Segen für die versteckten Eier gefragt hat. »Du, hilf mir!«, bittet er Dominik. »Mach mir die Räuberleiter dort bei diesem Baum, dann kriegst du was von den Eiern ab, die ich finde.«

Also muss Laura noch ein bisschen warten. Sie steht mitten im Trubel, bewacht den großen Korb und denkt: Gott, wenn du dich freust, weil die Menschen sich freuen, dann hast du gerade sehr viel Spaß! Ich geb dir einen Tipp: Mach, dass Vanessa sich über den Bären freut. Dann freuen sich auch Dominik und ich, und du hättest dreifachen Spaß. Es würde sich auszahlen, verstehst du?

Dominik kommt mit zwei roten Eiern zurück. »Der kleine schlaue Bursche hat den ganzen Baum abgesucht und das ist mein Anteil!«

Vergnügt schleppen sie ihren Osterkorb drei Straßen weiter. Vanessa wohnt mit ihren Eltern in einem zweistöckigen Haus. Im Erdgeschoss hat ihr Vater seine Kanzlei. Im Vorgarten blüht ein Magnolienbaum. Neben und hinter dem Haus wachsen Birken. Laura steckt zwei Finger in den Mund und pfeift den 2b-Erkennungspfiff.

Zwischen den Birken taucht Vanessa auf, mit funkelnagelneuen Jeans und einem neuen Pullover. Am

Arm trägt sie einen hellen Henkelkorb voller Schokohasen, Zuckerhennen und knallbunter Eier.

»Hallihallo«, sagt sie. »Nett, dass ihr vorbeischaut. Ich bin schon ganz krumm vor lauter Bücken und Eieraufheben. Oh, ihr habt auch einen tollen Korb!«

Laura stemmt ihren Korb gegen den Zaun. »Such dir was aus, Vanessa!«

Vanessa schielt nach dem Bären. Aber sie greift nach einem roten Ei. »Danke. Wollt ihr nicht reinkommen?«

Laura schüttelt den Kopf. »Die Mama wartet auf mich. Großer Fototermin mit Daniel und Ostereiersuchen. Magst du nicht noch was aus dem Korb?«

»Ein Schokoküken, wenn ich darf«, sagt Vanessa und greift noch einmal zu. »Und nun nehmt was aus meinem Korb. Gestern Abend war ich bei Julia. Beim Osterfeuer. Richtig toll. Schade, dass ihr nicht dabei wart.« Sie streckt die Hand aus. Vorsichtig streichelt sie mit der Spitze des Zeigefingers den kleinen braunen Bären hinter den Ohren. »Ist der süß! Wem gehört er? Dir, Laura, oder Dominik?«

»Dir gehört er!«, sagt Laura.

»Aber wieso denn!«, ruft Vanessa entzückt.

»So halt!«, sagt Dominik. »Er wollte unbedingt zu dir. Hör nur –« Mit tiefer Bärenstimme brummt er:

»Auf Vanessas Schreibtisch will ich sitzen. Auf Vanessas Couch will ich mich kuscheln. Ich hocke auch gern in ihrer Hosentasche.«

»Und besonders gern sitze ich neben ihrem Teller«, brummt Laura und lässt den kleinen Teddy über den Zaun klettern.

Vanessa lacht vor Freude und setzt den Bären in ihren Korb. »So eine liebe Überraschung! Ich habe auch schon einen Namen für ihn: Purzelbrumm. Und heute beim großen Opa-Geburtstagsessen wird der Purzelbrumm neben meinem Teller sitzen und mir ganz leise zubrummen: Hab Geduld mit diesen Erwachsenen, Vanessa, mach ein freundliches Gesicht, bitte den Opa, dass er dir die alte Stinkbombengeschichte aus seiner Schulzeit erzählt. – Wisst ihr, die kennen wir alle auswendig, aber der Opa erzählt sie so gern.« Sie nimmt zwei große Schokohasen aus ihrem Korb und drückt sie Dominik in die Hand. »Für die Zwillinge! – Und Daniel, was schicke ich dem? Darf er Schokolade essen? Nein? Dann schicke ich ihm ein B-B-B-Bärenküsschen! Das geht so!« Sie beugt sich über den Zaun und blubbert einen Kuss auf Lauras Wange. »Das wird ihn schön kitzeln. Und nochmals herzlichen Dank für meinen Purzelbrumm. Kommt ihn bei mir besuchen, mor-

gen oder übermorgen!« Sie steckt den kleinen Bären in die Hosentasche, winkt und läuft ins Haus.

Zufrieden gehen Laura und Dominik die Straße entlang.

»Wie die sich gefreut hat!«, sagt Dominik. »Wie fröhlich sie auf einmal war! Der Bär hat schon gewirkt, glaube ich.«

»Ganz stark hat er gewirkt«, meint Laura. »Und wenn ich mir vorstelle, wie der Segen jetzt in Vanessas Familie hineingeschmuggelt wird ...« Sie kichert. Gott!, denkt sie. Das hast du toll hingekriegt. Danke für alles.

Aus der Ostermappe

Früh am Morgen, als es noch dunkel war, ging Maria Magdalena zur Stadt hinaus, in den Garten des Ratsherrn Josef von Arimathäa und zum Felsengrab, in das er den toten Jesus gelegt hatte. Da sah sie, dass der Rollstein vom Eingang weggewälzt war. Und als sie sich weinend ins Grab beugte, erblickte sie zwei Engel, die sagten zu ihr: »Warum weinst du?« Sie antwortete: »Meinen Herrn haben sie weggeholt, und ich weiß nicht, wohin sie ihn gelegt haben.« Das sagte sie und wandte sich um – und sah Jesus da stehen, aber sie erkannte ihn nicht. »Frau, warum weinst du?«, fragte er. »Wen suchst du?« – Sie meinte, es sei der Gärtner, und bat: »Wenn du ihn weggetragen hast, sag mir wohin, damit ich selber ihn hole!« Da rief Jesus sie bei ihrem Namen: »Maria!« Nun erkannte sie ihn. »Mein lieber Lehrer!«, rief sie und wollte ihn nicht mehr loslassen. »Halt mich nicht fest!«, sagte Jesus zu ihr. »Denn noch bin ich nicht zu meinem Vater im Himmel aufgestiegen. Geh aber zu meinen Brüdern und sage ihnen, dass ich aufsteige zu meinem Vater und eurem Vater, zu meinem Gott und eurem Gott.« Voller Freude ging Maria zu den Jüngern und verkündete ihnen: »Ich habe den Herrn gesehen!« Und sie sagte ihnen, was Jesus zu ihr gesprochen hatte.

Nach Johannes 20, 1–18

Osterlied

*Nun freu dich, Magdalena,
du hast den Herrn gesehn!
Du sollst in seinem Auftrag
zu allen andern gehn.
Nicht Schüler mehr, nicht Freunde
hat Jesus sie genannt,
er nennt sie Brüder, Schwestern,
durch Gottes Kraft verwandt.
Im Himmel und auf Erden
gilt dieses Wort allein:
Mein, dein und unser Bruder
wird Jesus immer sein.*

Gott, ich wünsch dir frohe Ostern

Lauras Mutter hat als Osterüberraschung Rollschuhe und einen windschlüpfigen, dreirädrigen Kinderwagen bekommen. Sie kann es kaum erwarten, mit Daniel den ersten Schnell-Fahr-Ausflug zu unternehmen. »Dreimal um den Häuserblock!«, sagt sie sehnsüchtig und kostet vom Vorspeisenteller, den Laura gerichtet hat, mit Brot, Fleisch und Eiern aus dem Osterkorb. »Nur um zu sehen, ob es Daniel Spaß macht. Na, vielleicht auch viermal. Und eine Runde durch den Stadtpark.«

»Fahrt niemanden über den Haufen«, mahnt die Oma, als sei Lauras Mutter ein kleines Mädchen.

»Und dass dir nicht irgendein Bengel im Park ein Bein stellt«, sorgt sich Tante Sophie. »Im Park soll eine Jugendbande unterwegs sein, das weiß ich von meiner Friseurin, die erpressen Schutzgeld von den jüngeren Schulkindern und rauben Handtaschen. Der Park ist vielleicht nicht die sicherste Umgebung für dich –«

Lauras Mutter verdreht die Augen.

»Frohe Ostern allerseits«, sagt Lauras Vater. »Und guten Appetit! Laura, wie wär's mit einem Eierspiel?«

Sie stoßen die Eier gegeneinander, und Laura gewinnt, denn ihres bleibt ganz.

Es wird doch noch ein friedliches Mittagessen.

Alle loben Omas Ostertorte.

Tante Sophie blinzelt zur Terrassentür. »Ob es warm genug ist, draußen zu sitzen?«

»Wir wickeln dich in Decken und du trinkst dein Verdauungsschlückchen auf der Terrasse«, sagt Lauras Vater. »Laura liest dir vielleicht ein Stück aus dem neuen Buch vor?«

Laura nickt. Kein Fest, an dem die Oma ihr nicht ein Buch schenkt. Und aus komischen Büchern liest Laura gern vor. Das neue handelt von einer klugen Hexe und einem nervösen Zauberer, der sich im Zauberbuch dauernd verblättert und dann allerhand Unsinn anstellt. Laura lacht während des Lesens.

»Na so etwas, so ein ungeschickter Zauberer … «,

murmelt Tante Sophie, nippt am Rotwein und fängt zu gähnen an.

Laura liest und liest, bis sie die gleichmäßigen, tiefen Schnarchtöne bemerkt.

Tante Sophie ist im Rollstuhl eingeschlafen.

Behutsam nimmt ihr Laura das Glas aus den Fingern und trägt es in die Küche.

Mama und Daniel sind schon verschwunden, die Oma ist in ihre Wohnung hinaufgegangen und hält wohl auch ein Mittagsschläfchen. Und was treibt der Papa?

Laura findet ihn vor dem Computer. Leise raschelnd gleitet eine Seite nach der anderen aus dem Drucker.

»Papa, am Ostersonntag arbeitest du!«

»Tu ich nicht, Laura. Ich drucke nur schnell was aus, um das mich Dominiks Mama gestern Abend gebeten hat.«

Laura wirft einen Blick auf die erste Seite. »Was ist das für ein langweiliges Zeug?«

»Langweilig für dich! Für Dominiks Mama ist es spannend. Das sind geförderte Weiterbildungskurse, für Leute, die wieder in ihren alten Beruf einsteigen und vorher noch etwas dazulernen wollen. Frau Neumeister hat in einem Büro gearbeitet, bevor Dominik auf die Welt gekommen ist. – Ich stecke diese Seiten in einen Umschlag. Bringst du ihr den, wenn du Dominik triffst?«

»Mach ich, Papa. – Dann will seine Mama wieder arbeiten?«

»Das hat sie jedenfalls gesagt, beim Osterfeuer. Dreißig Stunden in der Woche.«

»Und die Zwillinge?«

»Für die sucht sie einen Kindergarten, wo sie zu Mittag essen und bis halb drei am Nachmittag bleiben können.«

Laura denkt nach. »Und Dominik muss nach der Schule in den Hort wie Karim ...«

»Wahrscheinlich«, meint ihr Vater. »Aber zuerst möchte Dominiks Mutter diese Kurse machen. Das wird eine anstrengende Zeit für sie. Solch ein neuer Anfang kostet Kraft.«

Laura holt tief Atem. Alles fällt ihr ein, was Dominik von seinen Eltern erzählt hat. »Sie will sich scheiden lassen, Papa, was?«

Ihr Vater sucht nach einer Antwort. »Äh ... Das weiß ich nicht so genau. Selbstständig will sie sein, das heißt, selber Geld verdienen, und zwar so viel, dass sie Dominik und die Zwillinge im Notfall auch allein ... Ach, Laura, das geht uns ja gar nichts an.

Das alles ist nicht leicht zu verstehen, und ich möchte nicht, dass du mit Dominik darüber sprichst.«

»Es geht mich schon was an, weil Dominik mein Freund ist!«, ruft Laura. »Und von Scheidung verstehen wir alle was, weil es in der 2b viele geschiedene Leute gibt. Eltern und Großeltern, meine ich.« Sie klettert auf seinen Schoß. »Nur du und die Mama dürft euch nie scheiden lassen ...«

Der Vater drückt Laura fest an sich. »Ich habe deine Mama so lieb, dass ich es gar nicht sagen kann. Und dich und Daniel auch. Ihr drei seid der größte Schatz in meinem Leben.«

Laura spürt, wie die Freude heiß durch ihren Körper fließt. Es ist gut, Papas Stimme so nah zu haben, sie summt in ihrem Kopf nach. Und es ist gut, von Papa umarmt zu werden. »Wirf mich in die Luft und fang mich auf, Papa! Wie früher!«

»Was, dich schweres Bröckchen!« Er steht auf, mit Laura in den Armen, stöhnt und ächzt fürchterlich, und dann wirft er Laura – hopp! – in die Luft und fängt sie wieder auf, es geht ganz leicht.

»Du bist ein ganz lieber Papa!«, sagt Laura, schnappt sich den Briefumschlag für Dominiks Mutter und macht sich auf den Weg. Mit dem Cityroller flitzt sie die Gartenzäune entlang. Und da flitzt ihr

etwas entgegen, ein Kinderwagen und eine Rollschuhfahrerin, und es lacht auf Mama-Art und quietscht auf Daniel-Weise.

»Mama!«, ruft Laura und kann gerade noch bremsen. »War's schön?«

»Ja. Und lustig! So viele Jogger und Roller, die einem ›Frohe Ostern!‹ zurufen!« Die Mutter hat rote Wangen und blitzende Augen. Sie ist sehr schön in diesem Moment, findet Laura. Eine wunderschöne Mama!

»Klar, dass der Papa dich so lieb hat«, murmelt sie, hält den Briefumschlag kurz vor Mamas Nase und fährt weiter.

Im Gartenhof ist es sonnig und still. Herr Althammer sitzt an seinem kleinen Klapptisch, einen Strohhut auf der Glatze, und liest ein Taschenbuch. Er blickt auf, als Laura heranrollt. »Frohe Ostern, Laura! Willst du zu Dominik? Der ist ausgeflogen. Mit seiner Mutter und den Zwillingen in den Tiergarten. Dort gab's heute Ostereiersuchen und Mittagsbüffet im Dschungelhaus.«

»Toll!«, sagt Laura.

»Den Tipp haben sie von mir!«, sagt Herr Althammer stolz. »Willst du auf Dominik warten? Kannst dich gern dahin setzen!« Er deutet auf den zweiten Stuhl.

»Ich warte auch gern allein«, sagt Laura.

»Ja, du bist ein starkes Mädchen«, brummt er und schlägt die nächste Seite auf.

Was meint er damit?

Laura rollt langsam bis zur grünen Bank vor Dominiks Küchenfenster. Das Fenster ist gekippt. Laura lässt den Briefumschlag durch den Spalt gleiten und hört, wie er mit einem trockenen Rascheln auf den Boden fällt. Sie lehnt den Roller an die Hauswand und setzt sich auf die Bank.

Wie grün das Gras ist! Richtig grasgrün. Und die kleinen Kräuterbüsche duften in der Sonne.

Frohe Ostern!, sagt das Gras zu Laura. Natürlich in der Gräsersprache.

Frohe Ostern!, sagen die Kräuter. In der Kräutersprache, versteht sich.

Irgendwie hat alles seine Art zu reden und Laura kann es spüren, irgendwie.

Frohe Ostern allen, die hier wohnen, denkt Laura. Frohe Ostern allen Menschen, Amseln, Regenwürmern und Pflanzen!

Aus diesem traurigen Hinterhof ist ein guter Platz geworden.

Gott, du wohnst auch gern hier, denkt Laura. Du hast gemacht, dass es da einen neuen Anfang gibt. Ich wünsch dir frohe Ostern – dir und deinem Sohn Jesus und überhaupt allen Leuten im Himmel.

Gott kann auch Gedanken hören.

Aber manchmal ist es gut, wenn man das, was man mit sich selbst so im Kopf redet, auch mit Worten vor sich hin sagt. Laura fühlt: Es gilt dann mehr.

»Gott«, sagt sie laut. »Ich wünsch dir frohe Ostern!«

Hat Herr Althammer das gehört? Er schaut nicht zu Laura herüber. Nur das kleine Buch wippt auf seinen Knien zwei-, dreimal auf und nieder.

Von Lene Mayer-Skumanz sind bei Gabriel bereits erschienen:

Gott, ich hab einen Tipp für dich
Hallo Partner oder die Sache mit dem Heiligen Geist
... wenn du meinst, lieber Gott/Geschichten für Auf-
geweckte

Mayer-Skumanz, Lene:
Gott, ich wünsch dir frohe Ostern
ISBN 3 522 30069 6

Einband- und Innenillustrationen: Elisabeth Holzhausen
Einbandtypografie: Michael Kimmerle
Schrift: Stone Informal
Lektorat: Katharina Ebinger
Satz: KCS GmbH, Buchholz/Hamburg
Reproduktion: immedia 23, Stuttgart
Druck und Bindung: Friedrich Pustet, Regensburg
© 2005 by Gabriel Verlag
(Thienemann Verlag GmbH), Stuttgart/Wien
Printed in Germany. Alle Rechte vorbehalten.
5 4 3 2 1* 05 06 07 08

Gabriel im Internet: www.gabriel-verlag.de

Für große Gedanken ist man nie zu klein

Lene Mayer-Skumanz
Gott, ich hab einen Tipp für dich
ab 8 Jahren · 96 Seiten
mit Illustrationen von Elisabeth Holzhausen
ISBN 3 522 30014 9

Laura liebt vor allem ihr Baumhaus, dann noch ihre Freundin Amina und die alte Apothekerin von nebenan. Ohne ihren Freund Dominik könnte sie allerdings auch nicht sein. Wenn es bloß nicht so viele Probleme gäbe. Aber Laura kann Gott ja Tipps geben. Und so hilft sie Gott mit viel Phantasie dabei, andere Menschen ein bisschen glücklicher zu machen. Obwohl ihr manchmal auch alles zu viel ist. Besonders ihr kleiner Bruder Daniel, um den sich plötzlich alles dreht.

Gottes Stimme kann man hören

Lene Mayer-Skumanz
... wenn du meinst, lieber Gott
Geschichten für Aufgeweckte
ab 8 Jahren · 80 Seiten
mit Illustrationen von C. Oppermann-Dimow
ISBN 3 522 30009 2

Xaverl ist nicht auf den Mund gefallen. Auch nicht dem lieben Gott gegenüber. Xaverl unterhält sich oft mit ihm. Zum Beispiel, wenn er ein Problem hat. Oder wenn er etwas Schönes erlebt hat. Oder wenn er zornig ist. – Xaverl sieht rot, wenn ein großer Dicker auf einen kleinen Dünnen losgeht. Da kann man doch nicht einfach zuschauen! „Oder was meinst du, lieber Gott?" Und der liebe Gott sagt, was er dazu meint. Nur einmal traut Xaverl seinen Ohren nicht. Hat Gott etwa GELACHT?